LYFE

Tor in deine Zukunft

Irmgard Maria Gräf

LYFE

Tor in deine Zukunft

Mit wissenschaftlich – philosophischem Beitrag
von Mag.art., Dr. Phil Renate C.-Z.-Quehenberger

Bibliografische Information der Deutschen Nationalbibliothek
Die Deutsche Nationalbibliothek verzeichnet diese Publikation in der Deutschen Nationalbibliografie.
Detaillierte bibliografische Daten sind im Internet unter https://dnb.dnb.de abrufbar.

1. Auflage – April 2025

Graphische Gestaltung: Marion Collenberg
Lektorat: Maria Kauczok

© 2025 Irmgard Maria Gräf
Verlag: BoD · Books on Demand GmbH,
Überseering 33, 22297 Hamburg, bod@bod.de
E-Mail: bod@bod.de
Druck: Libri Plureos GmbH, Friedensallee 273,
22763 Hamburg

ISBN: 978-3-7693-6736-2

Vorwort.. 6

Zelluniversum - das Wunder in dir 9

LYFE – Eine Reise in 30 Minuten 11

LYFE – Das Sichtbare - die Architektur....................14

LYFE – Das Unsichtbare – Der Goldene Schnitt 20

LYFE – Die Dynamik der Frequenzen 30

LICHT im LYFE – Essenz allen Lebens 36

MUSIK im LYFE – Harmonie für die Seele 40

DUFT im LYFE – Die unsichtbare Sphäre der Sinne.......42

LYFE – Moderne Eremitenhöhle.............................48

LYFE im LEBEN 52

Die Liebe ist das Medium 58

Vorwort

Es gibt Momente im Leben, die ein Fenster öffnen – ein Tor in etwas Neues. LYFE ist genau das: ein Tor in die Zukunft.

Alles begann mit einem Anruf um 23 Uhr. Dr. Mateo Martinez, ein Pionier in der integrativen Medizin, sprach über seine neueste Entwicklung: den dodekaedrischen LYFE Vessel. Dr. Martinez ist bekannt dafür Menschen auf ihrem Weg zu optimaler Gesundheit und Wohlbefinden zu begleiten. Seine Vision ist es, Menschen zu befähigen, ihre eigene Heilung voranzutreiben und ihre Realität bewusst zu gestalten.

Er ist der Entwickler des Blu Grow Systems und Mitentwickler des patentrechtlich geschützten BluRoom.

Dr. Martinez erklärte, dass LYFE ein System ist, in dem bestimmte Frequenzen, Licht, Klang und Duft zu einer einzigartigen, erneuernden Erfahrung verschmelzen. Er nannte LYFE die "fortschrittlichste Heilkammer".

Ich wollte ein tieferes Verständnis gewinnen, was sich hinter dem Sichtbaren und mit den Sinnen Erfahrbarem im LYFE verbirgt. Als ich begann mich näher damit zu befassen, ahnte ich noch nicht, wohin es mich führen würde. Doch genau das ist der Punkt.

LYFE ist keine Theorie, kein Konzept – es ist eine Erfahrung.

Diese Seiten sind nicht dazu da, LYFE in Gänze zu erklären, denn das wäre unmöglich. Worte können nur Spuren legen, nur eine Andeutung eines weit grösseren Schöpfungsprinzips sichtbar machen.

Schöpfung ist kein einzelner Akt – sie ist ein fortlaufender Prozess.

LYFE zeigt, dass wir Mitgestalter dieses Prozesses sind. Es hilft uns, das eingefaltete Potenzial zu entfalten und unsere eigene Realität bewusst zu gestalten.

Das wahre Geheimnis in LYFE bist du selbst. Es ist die Entdeckung, dass du der Architekt deiner eigenen Zukunft bist – ein Schöpfer, der jeden Moment neu beginnen kann.

"Alles, was du jemals wissen musst, ist in dir;
die Geheimnisse des Universums sind in den
Zellen deines Körpers eingeprägt."

Dan Millman*

*„Weg des friedvollen Kriegers: Ein Buch, das Leben verändert"
Dan Millman, *Weg des friedvollen Kriegers: Ein Buch, das Leben verändert*, Heyne Verlag 2013

Zelluniversum - das Wunder in dir

Die faszinierende Zellmechanik

Jede Sekunde entstehen in deinem Körper etwa zehn Millionen neue Zellen, während ebenso viele sterben. Dieser ständige Prozess ist ein dynamisches Gleichgewicht zwischen Abbau und Erneuerung. Jede Zelle agiert wie in einem präzisen Ballett, jedes Atom spielt seine eigene Rolle. Diese unsichtbare Harmonie beruht auf Prinzipien, die weit über die Biologie hinausreichen.

Die Zelle als Mikrokosmos

Stell dir eine einzelne Zelle vor:

Im Zentrum ruht das Meisterprogramm, die **DNA.** Sie ist der Taktgeber. Diese Doppelhelix ist ein endloser Code in einer spiralförmigen Architektur, die die genetischen Anweisungen für die Zelle enthält. Um die DNA herum arbeiten verschiedene "Mitarbeiter" zusammen für ein gemeinsames Ziel, das Leben am Leben zu erhalten.

Dazu gehören essentiell:

Mitochondrien: Diese sind die Kraftwerke der Zelle und produzieren Energie in Form von ATP (Adenosintriphosphat).

Ribosomen: Diese kleinen Fabriken stellen Proteine her, die für den Aufbau und die Funktion der Zelle unerlässlich sind.

Botschaftermoleküle: Diese Moleküle senden und empfangen Nachrichten.

Zellmembran: Diese elastische, atmende Hülle schützt die Zelle wie ein Haus und sichert den Austausch von Stoffen mit der Umgebung und die Zell-zu-Zell-Kommunikation.

Doch was steuert dieses Zusammenspiel wirklich? Woher bezieht die DNA ihre Informationen? Werden Zellinformationen aus einem Quantenfeld "abgerufen", vergleichbar mit der Kommunikation zwischen Cloud und Computer?

Was, wenn Informationen nicht nur von DNA zu DNA weitergegeben, sondern aus einem grösseren, universellen Feld empfangen und gesendet werden? Die heilige Geometrie, die sich in der DNA, in Pflanzen, Muscheln, Galaxien und sogar in der Architektur wiederfindet, könnte eine weiterführende Antwort sein. Sie offenbart eine tiefere Ordnung, die uns verbindet – mit uns selbst, mit der Natur, mit dem Kosmos und mit der Schöpferquelle.

In den folgenden Kapiteln werden wir eine faszinierende Reise unternehmen. Wir werden entdecken, wie die Architektur des LYFE, seine Frequenzen, Klänge und Duft mit deinem Körper in Resonanz treten und deinen Geist erweitern.

Tauche ein in einen Raum, der deine Zellen an ihr schöpferisches Potenzial erinnert. Spüre den Puls deines Lebens – willkommen im LYFE!

LYFE – Eine Reise in 30 Minuten

Tritt ein und lass dich von einem sanften Licht empfangen, das hinter den fünfeckigen Spiegeln hervorscheint. Für die nächsten 30 Minuten gehört dieses „Raumschiff" ganz dir. Du liegst im Zentrum des Dodekaeders, während die Tür sanft ins Schloss gleitet.

Die ersten Minuten: Ankommen

Ein tiefer Atemzug. Deine Augen schliessen sich. Duft und harmonische Musik umhüllen dich, während sanft pulsierendes Licht deine Sinne berührt. Dies ist deine Zeit, atme tief durch, lass den Alltag hinter dir und tauche ein in Entfaltung des Lebens.

Die nächsten 15 Minuten: Frequenz-Erlebnis

Nun beginnt die Reise der Resonanz. Abgestimmte Frequenzen durchströmen dich, sanft, doch tiefgreifend. Dein Nervensystem entspannt sich, deine Zellen tanken Energie. Die Selbstheilungskräfte deines Körpers entfalten sich. Du liegst ruhig da, getragen von einem unsichtbaren, aber spürbaren Feld aus Licht, Duft und Klang. Ein harmonischer Tanz, der jede Zelle erreicht.

Die letzten Minuten: Sein

Nur Musik, Duft und Licht. In dieser Phase bleibt nur noch das reine Sein. Dein Körper integriert die Erfahrung, dein Geist ruht. Die Tür öffnet sich langsam, jemand heisst dich willkommen. Du kehrst zurück – gelassener, freier, fröhlicher. Ein Stück mehr du selbst.

Einundzwanzig... Gerade jetzt, in dieser Sekunde entstehen und sterben in deinem Körper zehn Millionen Zellen. Zehn Millionen neue Zellen, geprägt von Harmonie und Ordnung. Sekunde für Sekunde.

„Der Schöpfer blickte auf das ewige Urbild, das unsichtbar, aber begreifbar durch Vernunft ist – und erschuf das Sichtbare nach dem Muster des Unsichtbaren."

Platon, Timaios, Abschnitt 28a–29a*

Platon: Timaios, Philosophische Bibliothek, Band 568
Felix Meiner Verlag, 2017

LYFE – Das Sichtbare - die Architektur

LYFE ist mehr als eine Heilkammer – es ist ein Raum der Erinnerung, eine Brücke zwischen der sichtbaren und der unsichtbaren Welt. Es verbindet Wissenschaft und Philosophie, Geometrie und Frequenz, Körper und Bewusstsein.

Das Dodekaeder – Brücke zwischen abstrakter Geometrie und Mensch

LYFE ist in Form eines Dodekaeders gebaut – des fünften platonischen Körpers. Zwölf regelmässige Fünfecke bilden seine Oberfläche, 30 gleich lange Kanten verbinden sie, und an 20 Ecken treffen jeweils drei dieser Flächen aufeinander.

Die ersten Überlieferungen zum Dodekaeder stammen aus der pythagoreischen Schule. Diese beschäftigte sich intensiv mit Zahlenmystik, Geometrie und Harmonie – insbesondere mit den sogenannten Fünfecken (Pentagonen) und dem Goldenen Schnitt. Die Pythagoreer sollen das Dodekaeder gekannt haben, betrachteten es jedoch als geheimnisvoll und „heilig" – als Wissen, das nicht öffentlich weiter-gegeben werden durfte.
Plutarch berichtet sogar, dass Pythagoreer „getötet wurden, weil sie das Dodekaeder öffentlich gemacht hatten". Ob das wörtlich zu nehmen ist, bleibt unklar – doch es zeigt, welchen Stellenwert dieses Objekt einst hatte.

Der griechische Philosoph Platon (ca. 427–347 v. Chr.) beschrieb in seinem Dialog *Timaios* die fünf vollkommenen Körper, die heute als platonische Körper bekannt sind. Zwar nennt er den Begriff „Dodekaeder" nicht explizit, doch er schreibt in einer vielzitierten, geheimnisvollen Passage:
„Da es aber noch eine fünfte Zusammensetzung gibt, bediente sich der Gott ihrer bei der Ausschmückung des Alls." (*Timaios 55c*)

Diese fünfte Form wurde später in der Mathematik als Dodekaeder bezeichnet und gilt bis heute als Symbol für die Ordnung des Ganzen – ein geometrischer Ausdruck des Eingefalteten im Allumfassenden.

Platons Zeitgenosse Theaitetos (ca. 417-369 v. Chr.) beschäftigte sich intensiv mit Geometrie und bewies mathematisch, dass es genau fünf regelmässige Polyeder gibt, darunter das Dodekaeder.

Jahrhunderte später war der Astronom Johannes Kepler vom Dodekaeder so fasziniert, dass er es in seinem Werk *Mysterium Cosmographicum* (1596) als Grundstruktur des Planetensystems vorschlug.

Und heute? Einige Kosmologen und Astrophysiker vertreten die Theorie, dass das Universum selbst eine dodekaedrische Struktur aufweisen könnte – eine Hypothese, die mathematisch denkbar und kosmologisch faszinierend ist.

Auch neuere Konzepte aus dem Bereich der Bewusstseinsforschung greifen diese Form wieder auf: Forschungen des CZQ – Zentrum für Quantenbewusstsein deuten darauf hin, dass das Dodekaeder nicht nur ein geometrischer Körper ist, sondern ein Ausdruck einer höherdimensionalen Ordnung, die unserer Realität zugrunde liegt.

In ihren Modellen gilt das Dodekaeder als Baustein eines fünfdimensionalen Raumes – eines Raumes, der nicht räumlich im klassischen Sinn, sondern informativ, energetisch und bewusstseinswirksam ist.

Damit wird das Dodekaeder zum Träger einer Struktur, die weit über das Sichtbare hinausweist – eine Art Schnittstelle zwischen der manifesten Welt und dem Potenzialfeld, das allem Leben zugrunde liegt.

Im Dodekaeder begegnen wir einer Form, die als Teil einer höherdimensionalen Ordnung verstanden werden kann – einer Struktur, in der sich das Eingefaltete bereits abzeichnet. Es ist nicht nur eine Figur des Raumes, sondern ein Hinweis auf Ebenen, die sich unserer direkten Wahrnehmung entziehen – jedoch in jedem Moment mitwirken, wenn sich neues Leben entfaltet.

Dodekaeder als Schlüssel zur Zellharmonie

Die dodekaedrische Form findet sich auf erstaunliche Weise in den Grundbausteinen des Lebens wieder:

DNA-Struktur: Die Doppelhelix der DNA zeigt in ihrem Querschnitt eine pentagonale Struktur, die mit dem Goldenen Schnitt in Verbindung steht.

Zellmembran: Bestimmte Proteine und Lipidstrukturen in Zellmembranen weisen dodekaedrische Anordnungen auf, die zur Stabilität und Funktion der Membran beitragen.

Virus Kapside: Viele Viren, wie beispielsweise Adenoviren, haben eine dodekaedrische Hülle, die ihre genetische Information schützt.

Wassermoleküle in lebenden Zellen bilden oft dodekaedrische Cluster, was die Wasserdynamik und zelluläre Prozesse im menschlichen Körper beeinflusst.

Biophotonenkommunikation: DNA strahlt Licht (Biophotonen) oft in geometrischen Mustern ab, die der Dodekaeder Struktur ähneln.

Einundzwanzig... In diesem Moment entstehen und vergehen in deinem Körper zehn Millionen Zellen, jede ein Mikrokosmos dodekaedrischer Harmonie, in Resonanz mit LYFE und dem Universum selbst. Jede dieser Zellen folgt präzisen geometrischen und molekularen Abläufen – gespeist aus einem unsichtbaren Bauplan, der auf Struktur, Symmetrie und Information basiert. Das LYFE-Dodekaeder dient als Brücke zwischen diesen Welten, ein Schlüssel zur Aktivierung der inhärenten Harmonie und Heilkraft deiner Zellen.

"Wir wirbeln durch den endlosen Raum mit einer unvorstellbaren Geschwindigkeit, alles um uns herum dreht sich, alles bewegt sich, überall ist Energie. Die blosse Betrachtung dieser prächtigen Möglichkeiten erweitert unsere Gedanken, stärkt unsere Hoffnungen und füllt unsere Herzen mit höchstem Entzücken."

Nikola Tesla*

*Vortrag, Nikola Tesla am 18. Juli 1891 „What is energy“

LYFE – Das Unsichtbare – Der Goldene Schnitt

Der Goldene Schnitt: Göttliche Proportion

Im Herzen des Dodekaeders verbirgt sich ein faszinierendes Konzept: der Goldene Schnitt (ca. 1,618 ist die mathematische Konstante, während die Fibonacci-Folge dem Goldenen Schnitt zustrebt. Er ist der Grenzwert.

Die Fibonacci-Spirale entspricht einer geometrischen Darstellung dieser Zahlenfolge, die sich in der Natur häufig zeigt. Wir finden sie in der spiralförmigen Anordnung der Kerne im Sonnenblumenkorb über den Aufbau der Tannenzapfen bis hin zu den Spiralen in Muscheln und Schneckenhäusern. Selbst Hurrikane und Galaxien folgen diesem harmonischen Prinzip. Seit der Antike wird der Goldene Schnitt als "proportione divina" – göttliche Proportion – mit Harmonie und Schönheit assoziiert.

Leonardo da Vinci, wohl der bekannteste Meister des Goldenen Schnitts, veranschaulichte dieses Prinzip in seinem "Vitruvianischen Menschen". Diese Studie der menschlichen Form offenbart eine perfekt proportionierte Gestalt, die den Gesetzen der Geometrie und Mathematik folgt.

Selbst die moderne plastische und ästhetische Chirurgie geht davon aus, je genauer Körper- und Gesichtsproportionen der Formel des Goldenen Schnitts entsprechen, desto schöner gilt der Mensch.

Im LYFE entfaltet der Goldene Schnitt seine besondere Relevanz:

- **Energetische Wirkung:** Die Geometrie des Dodekaeders fungiert als "energetische Blaupause". Sie tritt in Resonanz mit den natürlichen Schwingungsmustern des menschlichen Körpers und schafft so eine harmonische Verbindung zwischen Form und Funktion.

- **Effizienz und Integrität**: Die Natur nutzt diese Proportionen für evolutionäre Vorteile. Pflanzen und Tiere nutzen den Goldenen

Schnitt meisterhaft, um Ressourcen effizient zu nutzen und optimale Stabilität zu erreichen. In der Pflanzenwelt maximiert diese Proportion die Effizienz bei der Lichtaufnahme, Nährstoffverteilung und der Nutzung von Regen und Sonne. Diese strukturelle Integrität verleiht ihnen einen Überlebensvorteil in verschiedenen Ökosystemen.

- **Geometrische Harmonie:** Die Kanten der Fünfecke stehen im Verhältnis des Goldenen Schnitts zueinander. Diese führt zu einer optimalen Energieverteilung und -Übertragung innerhalb der Struktur.

- **Informationsübertragung:** Die symmetrische Struktur optimiert die Übertragung von Frequenzen und Informationen.

Die Natur benötigt weder Mathematik noch Geometrie, um ästhetisch, proportional und bezaubernd zu erscheinen. Göttliche Ordnung ist ihr natürliches Programm, ihre DNA. Wir nehmen diese kosmische Harmonie wahr - sowohl visuell als auch intuitiv.

Wenn die Natur aus sich selbst heraus dieser göttlichen Ordnung folgt und diese Harmonie verkörpert, dann gilt dies auch für jede unserer Zellen, jedes Organ und unseren gesamten Organismus.

LYFE nutzt diese in der Natur bewahrten Prinzipien, die von der makroskopischen bis zur quantenmechanischen Ebene wirken. Es schafft einen Raum für individuelles Wachstum, strukturelle Integrität und Regeneration - ein Mikrokosmos, der die Harmonie des Universums widerspiegelt.

Einundzwanzig... Gerade jetzt, in dieser Sekunde entfalten sich in deinem Körper zehn Millionen neue Zellen. Zehn Millionen neue Zellen, die in diesem Raum reiner Schöpfer Ordnung entstehen, geprägt von der zeitlosen Weisheit des Goldenen Schnitts.

"Man sieht nur mit dem Herzen gut,
das Wesentliche ist unsichtbar für die
Augen"

Antoine de Saint-Exupéry*

„Der kleine Prinz"
Antoine de Saint-Exupéry, *Der kleine Prinz*, Arche Verlag, 1950

LYFE – Die Dynamik des Quantenfeldes

Die für die Augen sichtbare Schönheit und Vollkommenheit in der Natur, der Architektur und im Menschen beruht auf einem unsichtbar wirkenden universalen und schöpferischen Konzept. Erst mit einem Blick auf das Kleinste, Unsichtbare, auf das Quantum selbst beginnen wir die Unermesslichkeit, Faszination, Komplexität und Dynamik eines unendlich schöpferischen Prinzips zu erahnen – aus der die Materie, du und ich entstanden sind. Wir sind nicht getrennt davon und dürfen aktive Mitgestalter sein.

Die Dynamik des Quantenfeldes im LYFE

In einem gleichseitigen Fünfeck werden alle Ecken dieses Pentagons mit einander verbunden. Ein Fünfstern entsteht. Im Zentrum des Fünfsterns entsteht wieder ein Fünfeck. Daraus lässt sich wieder ein Fünfstern konstruieren. Dieses Muster setzt sich fort, scheinbar ohne Ende, bis ins Kleinste und darüber hinaus. Ein ununterbrochenes Ein- und Ausfalten, eine geometrische Pforte zwischen den Dimensionen von Ordnung und Manifestation.

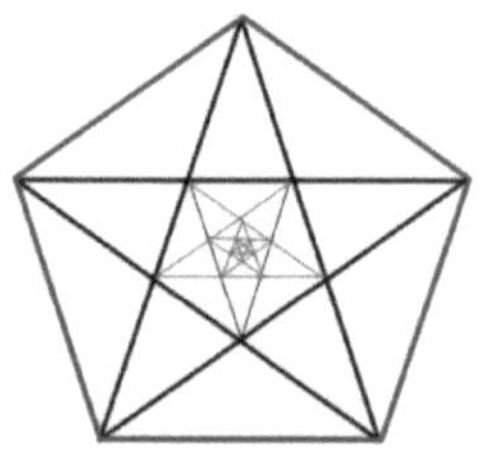

Diese Verschachtelung existiert nicht nur auf dem Papier – sie ist eine fundamentale Eigenschaft des Universums. In der klassischen Physik sehen wir die Formen nacheinander entstehen, erst das Fünfeck, dann den Stern und wieder... doch in der Quantenphysik geschieht alles gleichzeitig. Die Struktur, die sich entfaltet, ist immer bereits vorhanden – sie wartet nur auf den Moment der bewussten Beobachtung, um sich zu zeigen.

David Bohm, Quantenphysiker und Philosoph (1917 -1992), spricht in seinem Werk *Die implizite Ordnung* von einem dynamischen Zusammenspiel von Entfaltung und Einfaltung. Dabei stellt die implizite Ordnung eine tiefere, verborgene, ganzheitliche Realität dar, die allem zugrunde liegt und aus der sich die explizite Ordnung unserer wahrnehmbaren Welt manifestiert.

David Bohms implizite und explizite Ordnung

Das Bild der unendlichen Verschachtelung des Quantenfeldes erklärt der Physiker David Bohm mit seinem Konzept der impliziten und expliziten Ordnung:

> **Implizite Ordnung:** Alles ist bereits als Potenzial vorhanden, aber noch „gefaltet", verborgen in einem grösseren Ganzen.

> **Explizite Ordnung**: Sobald wir beobachten oder interagieren, entfaltet sich ein Teil dieses Potenzials als sichtbare Realität - wie eine Welle, die sich aus dem Ozean erhebt.

Bohm beschreibt die Realität als ein dynamisches, schöpferisches Prinzip, das sich in einem kontinuierlichen Tanz von Ein- und Ausfaltung bewegt - wie das Ein- und Ausatmen, Tag und Nacht, Ebbe und Flut, das Werden und Vergehen allen Lebens.

Bohm nutzte ein spezielles Experiment als Analogie für seine Theorie der impliziten Ordnung im Universum. Er schlug vor, dass die Realität, die wir wahrnehmen (explizite Ordnung), aus einer tieferen, verborgenen Ordnung (implizite Ordnung) hervorgeht, ähnlich wie der Tintentropfen aus der scheinbar homogenen Flüssigkeit.

> Ein Tropfen Tinte wird in eine dickflüssige Substanz (z. B. Glycerin) gegeben und dann langsam verrührt. Dabei scheint sich der Tropfen aufzulösen, obwohl die Tintenmoleküle weiterhin in der Flüssigkeit vorhanden sind – die Information bleibt implizit erhalten. Wird die Bewegung exakt rückgängig gemacht, setzt sich der Tropfen wieder sichtbar zusammen, wodurch die explizite Ordnung erneut erscheint.

Dieses Modell half Bohm, Phänomene der Quantenphysik zu erklären und bot eine neue Perspektive auf die Natur der Realität, in der alles miteinander verbunden und Teil eines grösseren Ganzen ist.

Das Dodekaeder und die unendliche Verschachtelung

Das Dodekaeder, mit seiner Fähigkeit zur unendlichen Selbstverschachtelung, ist Ausdruck dieses Prinzips. Seine Geometrie lässt sich endlos in sich selbst falten, genau wie Bohms Universum, das aus einer sich entfaltenden und wieder einfaltenden Realität besteht. Ohne dieses sich ein- und entfaltende Schöpfungsprinzip ist kein Leben möglich.

Im LYFE wird dieses Prinzip des Ein- und Entfaltens zur greifbaren Realität. Hier haben wir die einzigartige Chance, aus dem noch gefalteten Potenzial eine bewusste Veränderung in unserem Leben vorzunehmen. Wenn sich Zellen kontinuierlich aus diesem Quantenfeld voller Potenziale entfalten, können wir diesen neuen Zellen die Information 'strahlende Gesundheit' mitgeben. So wird das LYFE zum Katalysator für die Verwirklichung unseres grenzenlosen Potenzials.

Jeder Moment im LYFE ist eine Einladung, sich mit dieser grösseren Ordnung zu verbinden - ein Ein- und Ausfalten des Bewusstseins.

Einundzwanzig... Gerade jetzt, in dieser Sekunde entfalten sich in deinem Körper zehn Millionen neue Zellen. Die Zellen sind nicht nur Bausteine des physischen Körpers, sondern auch Träger von Informationen, die aus dem allgegenwärtigen Potenzial des Quantenfeldes stammen. Dieses Potenzial ist die Quelle unendlicher Möglichkeiten.

Du hast die Fähigkeit den neuen Zellen bewusst eine Information wie ‚glücklich sein' mitzugeben. Zehn Millionen neue Zellen inmitten dieses kontinuierlichen Ein- und Entfaltens von neuen Lebensimpulsen.

"Stimme die Frequenz der gewünschten Realität ab, und du kannst nicht anders, als diese
Realität zu bekommen. Es kann nicht anders
sein. Das ist keine Philosophie. Das ist Physik"

Bashar*

*„Bahar: Blueprint for Change"
Darryl Anka Bashar: Blueprint for Change, Verlag New Solutions Pub-
lishing 1990

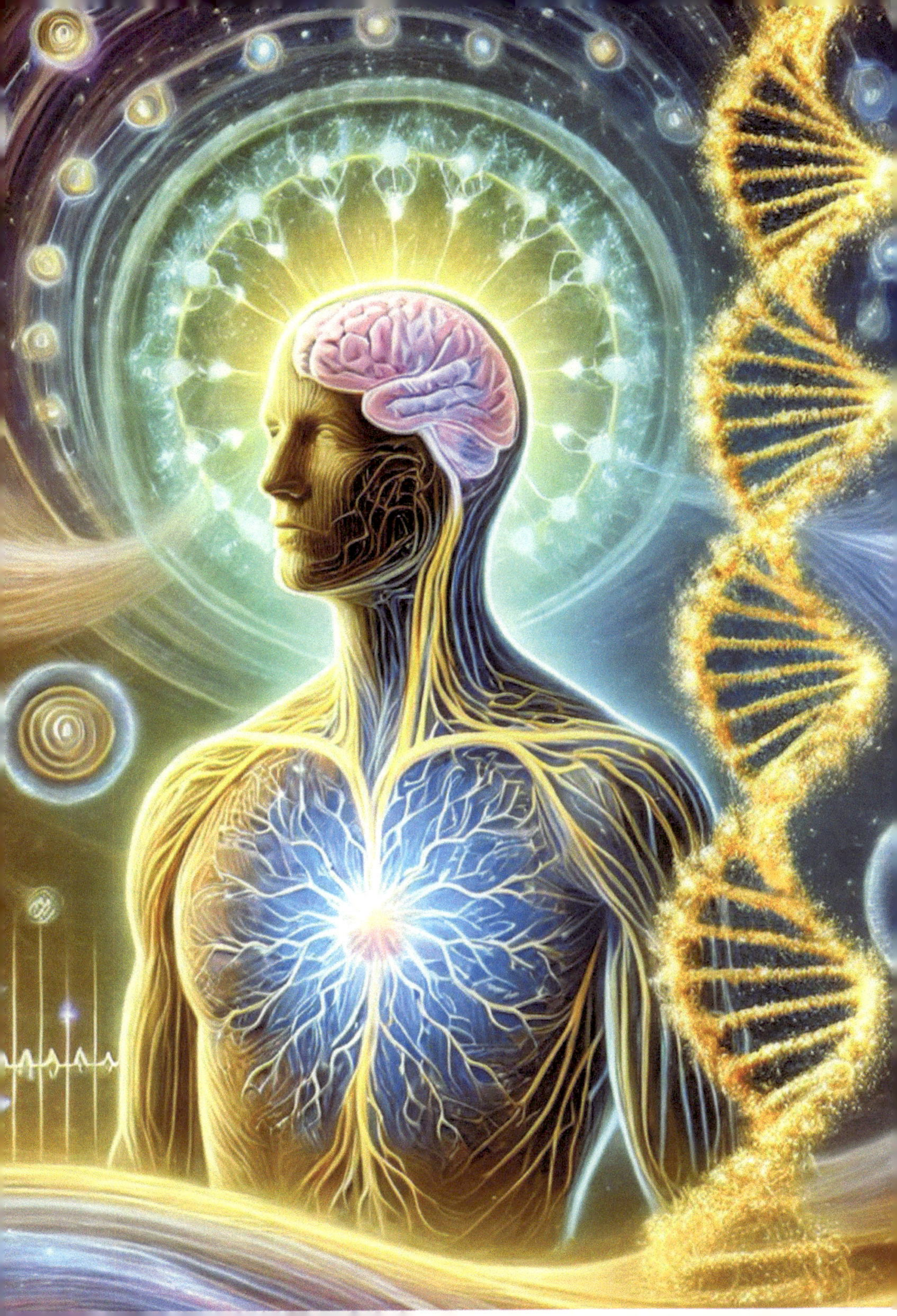

LYFE – Die Dynamik der Frequenzen

Die Welt offenbart ihre Geheimnisse oft in unsichtbaren Mustern, die unser Universum strukturieren. Heilige Geometrie und Schwingungen sind zwei Seiten derselben Medaille: Die Geometrie repräsentiert das statische, strukturelle Urwissen der Schöpfung, während Frequenzen die dynamische, lebendige Bewegung erfahrbar machen.

Gemäss der Quantenphysik besteht alles auf subatomarer Ebene aus Schwingungen. Diese bilden die Grundlage der Materie und unserer Realität. Jede Zelle deines Körpers, jeder Gedanke, jede Emotion besteht aus Frequenzen, die sich mit den Schwingungen im Raum und anderen Menschen bis in die Quantenebene hinein verschränken.

Die Magie der Solfeggio-Frequenzen im Dodekaeder

Der Begriff „Solfeggio" stammt aus der Musiktheorie des Mittelalters und bezieht sich auf Frequenzen die traditionell in der Gregorianischen Musik verwendet wurden und heute ebenfalls in der Soundheilkunst eingesetzt werden. Die Quersumme der Frequenzen – 174Hz, 285 Hz, 396 Hz, 417 Hz, 528 Hz, 639 Hz, 741 Hz, 852 Hz und 963 Hz lassen sich stets auf 3, 6 oder 9 reduzieren.

Nikola Tesla (1856 -1943), der als genialer Erfinder die Geheimnisse des Universums zu ergründen suchte, betonte die fundamentale Bedeutung der Zahlen 3, 6 und 9. Diese Ziffern, so seine Überzeugung, sind Schlüssel zur schöpferischen Kraft und zur energetischen Ordnung unseres Universums.

Es gibt wissenschaftliche Belege z. B. aus der Molekularbiologie. Hier wird die 528 Hz-Frequenz als Reparaturton für DNA-Schäden genutzt. Ebenfalls gibt es umfangreiche Erfahrungen, die die Wirksamkeit der Solfeggio-Frequenzen unterstützen. Während die wissenschaftliche Forschung noch im Gange ist, haben viele Menschen positive Erfahrungen mit diesen Frequenzen gemacht.

Im LYFE entfalten Solfeggio-Frequenzen ihre kraftvolle Dynamik weit über das akustische Erlebnis hinaus. Die dodekaedrische Form fungiert als natürliche Resonanzkammer, die Schwingungen bündelt und verstärkt. Die Frequenzen verschmelzen zu einem kosmischen Orchester, in dem jede Schwingung und jede geometrische Form ihren festen Platz hat und gemeinsam ein harmonisches Gesamtbild ergeben. Zelluläre Regenerationsprozesse werden angeregt und bringen Körper und Geist in Balance.

Die Wirkungen von Frequenzen auf den menschlichen Körper sind vielfältig und können je nach Frequenzbereich unterschiedlich sein. Hier sind einige Beispiele für Frequenzen und ihre überlieferten Wirkungen:

Wirkungen der Solfeggio-Frequenzen

174 Hz: Entspannt und führt zu Schmerzlinderung und Stressauflösung, vermag Panik und Angstzustände zu lösen;

285 Hz: Fördert Zell-zu-Zell-Kommunikation und regt die Bildung neuer Hirnzellen an;

396 Hz: Unterstützt das Lösen von Konflikten – frei von Schuld, fördert Sicherheit und Motivation;

417 Hz: Fördert Veränderungsprozesse und Kreativität, stellt Gleichgewicht her;

528 Hz: Die „Liebesfrequenz", reduziert Stress und wird mit der Reparatur der DNA assoziiert;

639 Hz: Harmonisiert Beziehungen, soziale Ausgeglichenheit;

741 Hz: Fördert Rekonstruktion und Wachstum, unterstützt Entgiftung;

852 Hz: Erweckt spirituelles Bewusstsein und innere Stärke;

963 Hz: „Schöpferfrequenz" – Erhöhung des Bewusstseins;

432 Hz: wirkt entspannend auf Herzfrequenz und Blutdruck.

Harmonie im Nervensystem – Vagus Nerv

Als längster und einer der bedeutendsten Hirnnerven vernetzt der Vagus – gleich einem Baum mit vielen Verästelung – das Nervensystem, Herz, Lunge, Verdauungstrakt und Gehirn miteinander und ist entscheidend für ganzheitliches Wohlbefinden.

Er reguliert viele lebenswichtige Funktionen, insbesondere im parasympathischen Nervensystem.

Der Vagusnerv:

Beruhigung und Regeneration

- Senkt Herzschlag und Blutdruck;

- Fördert Verdauung und Entspannung;

- Reduziert Stress, Angst und unterstützt Selbstheilung;

- Verbessert Herzfrequenzvariabilität;

Wahrnehmung und Sinne

- Hören – beeinflusst Gehör und Klangwahrnehmung;

- Sprechen – steuert Kehlkopf und Stimme;

- Riechen – verbunden mit Duftverarbeitung;

- Sehen – beeinflusst Pupillen und Fokussierung;

- Schmecken – stimuliert Rachen- und Kehlkopfmuskulatur ;

Emotionen und Immunsystem

- Reguliert Emotionen, soziale Verbundenheit und Resilienz;

- Zähmt den Entzündungsreflex.

Im LYFE wirken alle Aspekte von der Architektur, der impliziten/expliziten Ordnung, Solfeggio Frequenzen, Musik und Duft zusammen, damit diese „Nervendatenbahn" stimuliert, gestärkt und befreit wird für ihre essentiellen Aufgaben.

Tiefe Entspannung, verbesserte Stress-Resilienz, eine Stärkung der körpereigenen Regenerationsprozesse, Lösen von blockierenden Elementen und einer verfeinerten Wahrnehmung können sich einstellen.

Einundzwanzig... Gerade jetzt, in dieser Sekunde entfalten und vergehen in deinem Körper zehn Millionen neue Zellen. Zehn Millionen neue Zellen in einem Raum befreiender, verjüngender Schöpferordnung.

„Wer eine Freude an sich bindet, der zerstört beschwingtes Leben. Doch wer im Flug sie küsst und findet, lebt vom ewigen Licht umgeben“.

William Blake*

*Gedicht „Eternity "aus „Gnomic "Verses" Nr. 1
William Blake, *Gnomic Verses* veröffentlicht in „*The Complete Poetry and Prose of William Blake*", David V. Erdman, University of California Press, 1982

LICHT im LYFE – Essenz allen Lebens

Licht ist die Essenz allen Lebens, das Fundament für Wachstum, und es steuert die biologischen Rhythmen. Es ist Schwingung – genau wie Klang und Duft. Licht formt das Gewebe unserer Realität, beeinflusst unser Wohlbefinden, unsere Regeneration und innere Balance. Im LYFE ist Licht mehr als ein physikalisches Phänomen – es ist eine fühlbare, alles durchdringende Präsenz. Es umhüllt sanft, schützt und erneuert von innen heraus.

Licht als orchestriertes Spektrum

Wie in einem Orchester jedes Instrument seinen Klang zum grossen Ganzen beiträgt, so stimmen im LYFE lebensspendende Lichtfrequenzen den Körper in seine natürliche Harmonie ein. Schwingung für Schwingung – ein atmendes Zusammenspiel aus Einfalten und Entfalten, aus Erneuerung und Loslassen.

Weiche Sonnenaufgangsfrequenzen in sanften Rosa- und Goldtönen berühren sanft den Organismus und aktivieren Cortisol – der Startschuss für Energie und Wachheit. Eine leichte Welle aus Licht durchströmt den Körper, stimuliert Glückshormone und öffnet ihn für den neuen Tag.

Helle Sonnenlichtfrequenzen nähren die Zellen, steigern Vitalität, fördern die volle Energieentfaltung und bringen kreative Lösungen hervor.

Sanfte Sonnenuntergangstöne in feinen Lila- und Blaunuancen lassen das Nervensystem zur Ruhe kommen und bereiten die Melatonin-Ausschüttung für eine tiefe nächtliche Regeneration vor.

Neben dem sichtbaren Farbenspiel wirkt ein unsichtbares Lichtorchester tief im Gewebe:

Infrarotfrequenzen – Sanfte Wärme dringt tief in Muskeln und Zellen ein, fördert die Durchblutung, aktiviert die Mitochondrien und regt die Zellregeneration an.

UVB-Frequenzen – Gesundheitsförderliche UVB-Strahlen stimulieren die Vitamin-D-Produktion und verstärken biochemische Prozesse, die den Körper aktivieren.

Der Körper, dieser hochintelligente Organismus, nimmt aus dieser lichtvollen Umgebung genau jene Frequenzen auf, die ihn nähren, stärken und neu ausrichten. Dieses orchestrierte Lichtdesign lädt den Körper ein, sich dem natürlichen Rhythmus des Lebens hinzugeben – sicher, getragen und bereit für neue Abenteuer.

Licht – Ein Zusammenspiel aus sichtbarer und unsichtbarer Realität

Licht ist ein Paradoxon – sowohl Teilchen als auch Welle, sichtbar und unsichtbar zugleich. Es ist Information, Energie, Bewegung.

Wie David Bohms Konzept der impliziten und expliziten Ordnung, zeigt auch Licht zwei Gesichter:

- **Das Sichtbare** (explizite Ordnung) – Die sanfte Farbgebung, das Lichtspiel, das sich durch den Raum bewegt.

- **Das Unsichtbare** (implizite Ordnung) – Die tiefere Information, die Licht trägt. Die Frequenzen, die den Körper stimulieren, Zellprozesse aktivieren und das Energiefeld erneuern.

Licht ist Erinnerung, gespeichert in den Zellen. Auch wenn du das LYFE verlässt, bleibt das Licht und das damit verbundene Wissen.

Einundzwanzig … gerade jetzt, in dieser Sekunde, entstehen zehn Millionen neue Zellen in deinem Körper, der von Licht, Klang, Duft und Harmonie durchdrungen ist. Mit jedem Einfalten und Entfalten öffnet sich ein neuer Moment – eine Chance, diesen Zellen deine Richtung zu geben, eine neue Information. Du bist der Schöpfer.

„Musik ist ein moralisches Gesetz, sie schenkt
dem Universum seine Seele, den Gedanken
die Flügel, der Vorstellung ihren Weg und
Heiterkeit und Fröhlichkeit dem Leben und
gesamten Tun.“

Platon*

*„Platon Politeia Der Staat“
Platon, *Politeia Der Staat*, Reclam, 2023

MUSIK im LYFE – Harmonie für die Seele

LYFE – Ein Klang-Universum

Musik ist mehr als nur Klang – sie ist Schwingung, Information und Energie, die den menschlichen Organismus tiefgreifend beeinflusst. Sie kann beflügeln, beruhigen, entspannen, Erinnerungen wecken, Emotionen verstärken oder Schmerzen lindern.

Im LYFE wird Musik nicht nur gehört, sondern auch körperlich gespürt. Die einzigartige dodekaedrische Form wirkt als Resonanzraum, der harmonische Klangmuster bündelt und verstärkt. Dies eröffnet ein tiefes Hörerlebnis, bei dem sich Klang und Körper zu einer Einheit verbinden.

Ganzheitliche Wirkung der Musik im LYFE

Die Form des LYFE fungiert als natürliche Resonanzkammer, die Schwingungen verstärkt und gleichmässig im Raum verteilt. Dadurch entsteht eine tiefgreifende Wirkung auf Körper, Geist und Emotionen:

- **Körperliche Entspannung**

Die Vibrationen der Musik durchdringen den gesamten Körper, lösen Verspannungen und regulieren Herzfrequenz, Atmung und Hormonhaushalt.

- **Emotionale Balance**

Musik stimuliert das limbische System im Gehirn und fördert die Ausschüttung von Glückshormonen wie Dopamin und Serotonin. Klanglandschaften können tiefsitzende Emotionen freisetzen oder harmonisieren.

- **Neuroplastizität und geistige Klarheit**

Musik unterstützt die Neubildung neuronaler Verbindungen und synchronisiert die Gehirnwellen. Dies kann nicht nur zu einer verbesserten geistigen Klarheit führen, sondern auch Türen zu meditativen Zustanden und kreativen Einsichten öffnen.

Musik im LYFE

Der Goldene Schnitt und das universelle Ordnungsprinzip

Die Natur folgt einer tiefen mathematischen Ordnung, und der Goldene Schnitt (Phi -1,618) taucht immer wieder in natürlichen Prozessen auf – sei es in Meereswellen, Vogelgesang, Wal-Gesängen, Blätterrascheln oder sogar in den Rhythmen des menschlichen Herzens.

Interessanterweise empfinden wir Musik, die auf diesen Prinzipien basiert, als besonders harmonisch. Komponisten wie Bach, Mozart und Debussy nutzten bewusst oder intuitiv die Fibonacci-Sequenz und Phibasierte Strukturen in ihren Werken – weshalb ihre Musik so natürlich und ausgleichend auf uns wirkt.

Die Sprache des Goldenen Schnitts ist die Sprache der Natur. Musik ist eine ihrer reinsten Ausdrucksformen. Im LYFE wird dieses universelle Ordnungsprinzip verstärkt, sodass Musik hier ihr einzigartiges transformative Potenzial entfalten kann. Sie berührt und erneuert den Menschen auf allen Ebenen seines Seins.

Die Musik umhüllt dich im LYFE vom ersten Moment an und klingt noch lange in dir nach.

DUFT im LYFE – Die unsichtbare Sphäre der Sinne

Düfte sind die unsichtbaren Klangwelten der Natur – sie berühren auf tiefster Ebene, oft unbewusst und beeinflussen Emotionen, Erinnerungen und körperliche Prozesse.

Ätherische Öle – Brücke zwischen Körper, Geist und Seele

Die im LYFE eingesetzten Öle gehören zu den ältesten bekannten Duftstoffen der Menschheit und wurden in spirituellen, medizinischen und rituellen Kontexten seit Jahrtausenden verwendet. Alte Kulturen schätzten ihre Wirkung für Heilung, Schutz, Meditation und Bewusstseinserweiterung.

Für sie galten die Öle als Brücke zwischen Körper, Geist und Seele, da diese Essenzen über ihre biochemischen Effekte hinaus eine tiefgreifende Wirkung auf das Bewusstsein und das energetische Feld haben.

Dodekaeder und ätherische Öle

Die einzigartige Form des Dodekaeders im LYFE-Konzept kann die Wirkung von Frequenzen, Klang, Duft und Licht auf vielseitige Weise beeinflussen:

- verstärkt die Wirkung von Frequenzen in Klang, Duft und Licht;
- erlaubt eine gleichmässige Verteilung und Verstärkung der Duftmoleküle;
- lässt die feinstoffliche Frequenz ätherischer Öle besonders rein und intensiv wahrnehmen;
- ermöglicht mentale Klarheit für kreative Lösungen, tiefere meditative Zustände, emotionale Klarheit und spirituelle Einsichten;
- verstärkt die Bildung und Regeneration neuer Zellen.
- Besonders Weihrauch ist bekannt für seine regenerative Wirkung auf das Nervensystem.

Jeder Mensch reagiert individuell auf Düfte. Im LYFE-Konzept wählst du deinen eigenen Duft, je nach Vorliebe, Bedürfnis oder Intuition. Hochreine, ätherische Ölessenzen wie Weihrauch, Myrrhe, Zedernholz oder Lavendel durchströmen das LYFE und können für dich neue Perspektiven öffnen.

Wirkungen der Essenzen

Viele Wirkungen sind im Laufe der Jahrhunderte überliefert, wenn gleich nach heutiger Sicht nicht wissenschaftlich erwiesen:

- Weihrauch (Boswellia) – beruhigt, zentriert, stimuliert den Vagusnerv;
- Myrrhe – stimuliert Vagusnerv, harmonisiert das Energiefeld, fördert tiefe Selbstwahrnehmung und innere Stabilität;
- Patchouli – lässt innere Ruhe und Zentrierung entstehen, erdet;
- Zedernholz – fördert geistige Wachheit und Fokussieren;
- Lavendel – beruhigt, fördert tiefe Entspannung und Regeneration;
- Bergamotte – hellt die Stimmung auf und aktiviert Lebensfreude.

Düfte wirken direkt auf das limbische System, das Zentrum für Emotionen, Gedächtnis und unterbewusste Reaktionen. Im LYFE sind sie mehr als nur eine duftende Wohltat – sie sind ein essentieller Teil der Erfahrung. Sie hüllen dich vom ersten Moment an in eine unsichtbare Sphäre von Duft und Klang, die sich mit den Schwingungen der Musik, den Solfeggio Frequenzen und der Geometrie des Raumes verwebt

Im LYFE entsteht eine Symbiose aus heiliger Geometrie, Klang, Musik und Duft. Diese Symbiose kann transformative Erfahrungen ermöglichen, alte Konditionierungen auflösen und neue Perspektiven eröffnen.

Der Duft begleitet dich durch die gesamte Sitzung – sanft, aber präsent und ist noch lange nach dem Verlassen des LYFE wahrnehmbar, als Erinnerung an ein tiefgehendes Erlebnis.

Einundzwanzig ... zehn Millionen neue Zellen entstehen Sekunde für Sekunde in deinem Körper. Die Symbiose aus Frequenz, Klang, Musik und Duft bietet dir eine inspirierende Umgebung, um sichtbare und unsichtbare Prozesse bewusst wahrzunehmen und mit deiner gewünschten Realität ins Leben zu schicken.

Nur ich - zwanzig Minuten

Nur ich - ohne Termin

Nur ich - ohne Müssen, Fordern

Nur ich - ein Teil der Schöpfung

Nur ich - inmitten meines Universums

LYFE – Moderne Eremitenhöhle

Diese dreissig Minuten sind mehr als nur eine Pause – sie sind der Schlüssel zu tiefer innerer Regeneration, eine bewusste Auszeit, die dir ermöglicht, wieder bei dir selbst anzukommen.

Seit jeher suchten Weise den Rückzug vor den Menschen, ihrem Lärm, ihrem ständigen Streben und ihren unaufhörlichen Forderungen. Früher flohen sie in Höhlen, in die Einsamkeit der Berge oder Klöster, um dem Getriebe der Getriebenen zu entkommen, und nur mit sich und dem Schöpfer in ihnen zu sein. Heute ist es nicht anders: Die Welt verlangt unaufhörlich unsere Aufmerksamkeit, digitale Reize überfluten den Geist, und das Rennen von Termin zu Termin ermüdet uns. Ein mit Kupfer abgeschirmtes LYFE ist das moderne Äquivalent dieser alten Rückzugsorte – ein Raum der Ruhe, frei von äusserem Druck, Pflichten und digitalen Ablenkungen.

LYFE – Digitales Detox durch Kupfer

Das mit Kupfer abgeschirmte LYFE schafft einen Zustand des digitalen Detox, in dem Termine, Pflichtgefühle und digitale Ablenkungen von selbst abfallen. LYFE trennt dich von der digitalen Welt und bildet einen sicheren Raum, in dem deine Sinne optimal empfangen.

Kupfer ist mehr als nur ein Metall, das störende Signale wie Wi-Fi, 5G, ELF etc. fernhält. Es ist ein Symbol für Schutz, Harmonie und Transformation - und seine physikalischen Eigenschaften machen es zum idealen Material das LYFE abzuschirmen.

Stell dir vor, die Solfeggio-Frequenzen sind wie feine Stimmgabeln, die deine Zellen in Harmonie versetzen wollen. Wenn dein Körper jedoch von elektromagnetischen Feldern gestört wird, können diese Stimmgabeln nicht richtig schwingen.

Die Kupferabschirmung schafft einen störungsfreien Raum, in dem die Frequenzen ungehindert wirken können.

Dies hat mehrere Vorteile:

- Du fühlst dich freier und unerwartete kreative Lösungen können auftauchen.
- Dein Denken wird klarer.
- Deine Wahrnehmung verfeinert sich.
- Deine neuen Nervenzellen sind vor schädlichen äusseren Einflüssen geschützt.
- Du bist unbeeinflusst von Frequenz-Verschränkungen mit anderen.

LYFE fungiert somit wie eine moderne Eremitenhöhle – ein Zufluchtsort inmitten der digitalen Welt, der es uns erlaubt, in Stille zu versinken, unsere inneren Kräfte zu erneuern und mit neuer Klarheit, Inspiration und Lebensfreude ins Leben zurückzukehren. Die bewusste Entscheidung, sich in diesen geschützten Raum zurückzuziehen, ist ein Akt der Selbstliebe und des Respekts für das eigene Leben, Gesundheit und das eigene Wohlbefinden.

Einundzwanzig... Gerade jetzt, in dieser Sekunde entfalten sich in deinem Körper Millionen neue Zellen. Sie kommen aus der Stille - geformt von der DNA – mit allen Potenzialen für ein erfülltes Leben.

„Ja, um die Ecke, kommt uns vor –

da steht geheimnisvoll ein Tor"

J.R.R. Tolkien*

* J.R.R. Tolkien. „*Der Herr der Ringe: Die Gefährten*"
Klett Cotta 2012

LYFE im LEBEN

Unsere gemeinsame Reise im dodekaedrischen Sternenschiff LYFE führte uns durch Frequenzwelten, Klangräume und bis tief in die kupfergeschützte Einsiedelei. Jetzt stehst du an einer Weggabelung – ein Moment der Wahl, ein Übergang in deine weitere Realität.

Die LYFE Erfahrung

- Im Dodekaeder hast du eine tiefe Resonanz mit dem Leben und deiner DNA gespürt. Du konntest förmlich sehen, wie alle 40 Milliarden Zellen in harmonischer Kommunikation miteinander tanzten.
- Zwölf perfekt abgestimmte Frequenzen befreiten deinen Vagusnerv, lösten alte Zelllasten auf und bereiteten sie darauf vor, über den Lymphfluss den Körper zu verlassen. Die Frequenzen durchdrangen dein Nervensystem bis in jede Zelle – sie fegten durch dein Sein und öffneten blockierte Bahnen.
- Jetzt kannst du klarer erkennen, welche Potenziale vor dir liegen und dich einladen. Eine neue Welt der Möglichkeiten öffnet sich, und du beginnst, die Magie der 3-6-9 zu erahnen. Eine tiefe innere Harmonie breitet sich aus.
- Das Orchester der Sinne – Klang und Duft – umhüllte dich in einer ganzheitlichen Erfahrung.

Die Weggabelung: Die Wahl liegt bei dir
Es gibt kein richtig oder falsch – nur Wege.

> **Der bekannte Weg:** Erfrischt und gestärkt kehrst du in dein gewohntes Leben zurück, bereichert durch dieses einzigartige LYFE-Erlebnis.

> **Der Weg ins Neue:** Du ergreifst bewusst die Chance, aus dem eingefalteten Potenzial deinen Zellen eine neue Richtung zu geben. Wer willst du sein? Wie willst du sein? Wo willst du sein? Mit wem willst du dein neues Projekt verwirklichen?

Mit jeder Sekunde, in der du diesen Gedanken aufrechterhältst, verstärkst du neue neuronale Verbindungen – das ist Neurogenese in Aktion.

Die Macht der Neurogenese

Neurogenese bedeutet die Neubildung von Nervenzellen (Neuronen) im Gehirn. Früher glaubte man, dass das Gehirn nach der Kindheit "fix" sei – doch heute wissen wir: Das Gehirn kann sich ein Leben lang erneuern, umstrukturieren und anpassen.

Jede Entscheidung, die du triffst, formt dein Gehirn. Neue Gedanken erschaffen neue neuronale Verbindungen. Je bewusster und konsequenter du eine neue Entscheidung wiederholst, desto stärker wird diese Verbindung – bis sie zu einem festen Teil deiner Realität wird.

Neurogenese und die einfaltende und ausfaltende Ordnung

Die einfaltende und ausfaltende Grundordnung ermöglicht kontinuierlich Neurogenese:

- Jeder Moment ist eine neue Chance: Welche Gedanken und Überzeugungen möchtest du stärken?

- Deine neuronalen Netzwerke sind nie endgültig festgelegt. Veränderung ist immer möglich.

- Alte Muster können sich auflösen. Wenn du neue Wege bewusst gehst und regelmässig nutzt, ersetzt das Neue das Alte.

Was macht LYFE so besonders?

Neurogenese geschieht immer – doch bewusste Neurogenese führt in eine neue Zukunft.

- LYFE ist ein Katalysator:
- LYFE versetzt dich in einen hochfokussierten Zustand, in dem du klarer neue neuronale Verknüpfungen bilden kannst.
- LYFE kann alte neuronale Muster aufbrechen, wodurch du leichter bewusste Entscheidungen treffen kannst, die deine Realität nachhaltig verändern.
- LYFE ermöglicht den Zugang zu tiefen Bewusstseinszuständen – bis in den Theta-Bereich. Du kannst in einen erweiterten Bewusstseinszustand eintauchen.

LYFE – Dein Tor in die Zukunft

Das Verständnis der Neurogenese macht den Weg frei für:

- Gesundheitliche Verbesserungen
- Stressabbau
- Geniale kreative Lösungen

LYFE bietet dir eine Plattform, um deine inneren Kräfte und deine angeborenen Fähigkeiten zu aktivieren – und deine Zukunft bewusst zu gestalten.

Das wahre Geschenk im LYFE bist DU.

„Die Liebe richtet sich nämlich nicht, wie du
glaubst auf das Schöne.
Worauf denn sonst?
Auf die Erzeugung und die Geburt im Schönen.
Weil die Zeugung für einen Sterblichen das Ewige
und Unsterbliche ist."

Diotima von Manitea zitiert von ihrem Schüler Sokrates
In Platons Symposion (201d-212c)*

*„Die Rede der Diotima"
Kurt Sier: *Die Rede der Diotima. Untersuchungen zum platonischen Symposion,* Teubner Verlag 1997

Wissenschaftlicher-philosophischer Beitrag von Mag.art.,Dr. Phil. Renate C.-Z.-Quehenberger

Die Liebe ist das Medium

Die vielfältigen Erscheinungen des dodekaederförmigen Raums – vom Universum zur 5. Herzkammer bis zum 5D Raum wo Liebende sich treffen können

Es gab ein Geheimnis um das Dodekaeder, das Jahrtausende lang gehütet wurde. Pythagoras und Platon mussten in den alt-ägyptischen Mysterienschulen wo sie darüber eingeweiht wurden, ein Gelübde ablegen es niemals zu verraten. Hippasos von Metapont, ein früher Anhänger des Pythagoras kam vermutlich wegen seines Verrats in Süditalien im Meer um.

Diesem Geheimnis bin ich auf die Spur gekommen. Nun, 2500 Jahre später hat mich das Schicksal damit betraut, herauszufinden, dass die Form des Dodekaeders aus den Bausteinen des 5-dimensionalen Raumes besteht, wobei wiederum 12 dieser Bausteine, die ich Epitaeder $(E\pm)$ nenne, den unendlichen 5- /bzw.10-dimensionalen Raum bilden.

Es handelt sich dabei zufällig um den Dodekaeder-Raum, den der französische Physiker, Mathematiker und Philosoph Henri Poincaré 1904 als Modell für das Universum vorgeschlagen hat.

Die Dodekaeder-Form des LYFE macht dieses kosmische Prinzip erlebbar, das die Natur offensichtlich in ihren vielen Ausformungen, in den mineralischen, organischen und feinstofflichen Lebensformen, die Irmgard Maria Gräf in diesem Buch beschreibt, wiederholt.

Was für Platon das „Muster des Baumeisters" war, nannte der Physiker David Bohm die „implizite Ordnung" Es sind diese versteckten Strukturen, die in unserer Erscheinungswelt „explizit" sichtbar werden.

Alle Ebenen der Wirklichkeit sind scheinbar in diesen bewegten lebendigen höherdimensionalen Räumen, nach dem Prinzip der ineinander verschachtelten russischen Puppen, eingebettet.

Wenn wir im LYFE liegen, befinden wir uns in diesem Raum des Lichts und des Werdens. In Gedanken können wir die Dodekaeder-Form unserer 5. Herzkammer mit dem äusseren Rand des unendlichen aber dodekaederförmig begrenzten Universums verbinden.

Platons versteckter Hinweis auf die „Figur der Hochzeit" entpuppt sich im Isis und Osiris Mythos als Horus-Kind. Liebende können sich über weite Entfernungen hinweg in diesem Raum, der bei der Verschränkung zweier Raumzellen entsteht, treffen und einander ganz nahe sein. Erwin Schrödinger nannte diese „spukhafte" Quanteneigenschaft „Verschränkung", wobei es im Englischen dafür den romantisch klingenden Begriff „entanglement" gibt.

Wie die Sehnsucht die Distanz überwindet erklärt bereits Diotimas Philosophie, wie sie von dem deutschen Philosophen und Kulturwissenschaftler Peter Sloterdijk gelehrt wurde:

„Die Liebe ist das Medium".

Über die Autorin

Irmgard Maria Gräf ist eine erfahrene Autorin. Sie verbindet Herz und analytischen Verstand, um den Geheimnissen des Lebens auf den Grund zu gehen. Ihre Leidenschaft gilt den Grenzen zwischen sichtbarer Welt, Quantenphysik, Medizin und Bewusstsein. Sie ist bekannt für ihre tiefgründigen Analysen und ihre Fähigkeit, komplexe Konzepte zugänglich zu machen.

www.irmgard-graef.de

Ihre Publikationen:

Die Quark-Öl-Kur – die Heilwirkungen der Öl-Eiweiss-Kost nach Dr. Budwig, ViaNova Verlag 2014

Mein Blut – ein Weg zu mir – was mein Blut mir sagt, Michaels Verlag 2014

Blu Room – Zukunft hautnah erleben, Nova MD 2017

Blu Room – Experience the future. Building bridges with light, frequency and sound (2017)

Blu Room: Sperimenta il futuro. Costruisci ponti tra luce, frequenza e suono (2017)

Die Blaue Quelle – Theorie und Potenzial der Blu Room Technologie BoD – Book on Demand (2018)

The Blue Fountain: Theory and potential of the Blu Room® technology, BoD 2018

Mag.art., Dr. Phil. Renate C.-Z.- Quehenberger
bewegt sich zwischen Wissenschaft und Kunst; sie beschäftigt sich mit Systemtheorie, Geometrie, Quantenphysik und Ägyptologie & widmet sich der Bekanntmachung ihrer mathematischen Entdeckung, der 3D-Repräsentation des Penrose Kites & Darts Musters (Epitahedron, E±), dem Baustein des 5-dimensionalen Raumes, der als Platons 5. Element identifiziert wurde in Form von Filmen, Skulpturen und Texten.
https://dieangewandte.academia.edu/RenateQuehenberger

Ihre Publikationen:

Rea Queenberg, *24 Sterne aus der 5.Dimension*, (2024)

Rea Queenberg, *24 Stars from the 5th Dimension,* (2024)

Epitaten, Der Isis & Osiris Mythos als Origami Anleitung zu Platons 5. Element erscheint demnächst in mehreren Sprachen

Für weitere Informationen:

LYFE – das System:	https://lyfevessel.com/
LYFE – der Entwickler:	https://lyfevessel.com/biography
LYFE – Standorte in Europa:	https://lyfevessel.ch
LYFE – Standorte weltweit:	https://lyfevessel.com/

Bildrechte:

Anton Blättler, © Bildrecht Cover, S.37, S.49

Renate Quehenberger © Bildrecht Wien 2025, S. 57